Imaginando el FUTURO

EDICIÓN PATHFINDER

Por Terri L. Jones y Susan Blackaby

CONTENIDO

Pensando en alto. *En esta pintura, el artista imagina una ciudad del futuro, con altos edificios y elegantes puentes aéreos.*

Volver al
FUTURO

POR TERRI L. JONES

¿Tu familia tiene un robot que cocina y limpia? ¿Tu mamá vuela al trabajo usando una mochila con motor a reacción atada a la espalda? En la década de 1950, algunas personas imaginaban que así sería la vida en el siglo veintiuno. Al fin y al cabo, todo es posible en el futuro.

Adentrándose en el futuro. *Un diseñador de automóviles pensó que los trenes del futuro lucirían así.*

¿Qué traerá el futuro?

Las personas no pueden dejar de hacerse esa pregunta. Algunos pensadores osados incluso intentan responderla. Para **imaginar** la vida en el futuro, tienes que saber qué es posible. También necesitas mucha imaginación.

La ciencia ficción es una forma de predecir el futuro. Es un tipo de narración que mezcla la ciencia real con la fantasía. A lo largo de los años, los escritores de ciencia ficción, los artistas y los ingenieros han tenido muchas ideas acerca de cómo podría ser la vida en el **siglo veintiuno**. ¿Acaso tu vida cotidiana se parece en algo a cómo la imaginaron?

Hogar, dulce robot

En *Crónicas marcianas*, un libro de la década de los cincuenta, el autor Ray Bradbury describe una casa que habla. Desde el interior de las paredes, una voz indica a las personas cuándo levantarse de la cama, cómo vestirse e, incluso, quién cumple años.

En la extraordinaria casa del futuro de Bradbury, hay un robot para cada tarea. Mientras un robot cocina, otro pone la mesa y otro lava los platos. Entretanto, pequeños robots del tamaño de un ratón corretean por todos lados aspirando el piso.

Lo que es aún más extraordinario es que algunas de las **predicciones** de Ray Bradbury se han hecho realidad. Hoy, los robots trabajan en muchos lugares. Pasan la aspiradora, preparan la comida, construyen automóviles e, incluso, exploran el espacio exterior.

Bradbury no fue el único que imaginó una casa del futuro. En la década de los cincuenta, se creó en Disneylandia un parque temático llamado Tomorrowland (El mundo del mañana). Allí, los visitantes recorrían una casa "inteligente" y futurista que, prácticamente, funcionaba por sí misma.

Hoy, muchos hogares tienen sistemas similares a los que imaginó Tomorrowland e incluyen controles automáticos de temperatura del aire, sistemas de sonido y hornos de microondas que cocinan platillos en apenas minutos.

Ciudades en el espacio

Algunas predicciones hechas en la década de los cincuenta eran "de otro mundo". Escritores, científicos y artistas imaginaron ciudades inmensas y ajetreadas en el espacio. Algunos creyeron que, hacia inicios de la década de los noventa, los terrícolas vivirían en la Luna. ¿Te imaginas estar sentado bajo una gran cúpula lunar de vidrio, mirando cómo sale y se pone la Tierra?

¿Cómo se podrían cultivar frutas y verduras frescas en el espacio? Simple. Se usaría la agricultura hidropónica, que es un método probado de cultivar plantas sin tierra. ¿Cómo se calefaccionarían los edificios? El calor del Sol proporcionaría toda la energía.

Resulta claro que algunas de estas ideas no eran tan desatinadas. Hoy, muchos hogares de la Tierra usan la energía solar. Incluso algunos automóviles y aviones experimentales funcionan con la energía del Sol. Aunque los seres humanos aún no se han asentado en la Luna, los astronautas viven durante meses en la estación espacial internacional.

De todos modos, ¿conoces a alguien que viva en otro planeta? Probablemente no. Algunas personas sueñan con vivir en Marte, pero la ciudad espacial que muchos imaginan aún está lejos de hacerse realidad.

Presente + posible = futuro

Los soñadores de los cincuenta también intentaron predecir cómo se comunicaría la gente del futuro. Una idea surgió en la historieta y en el programa de televisión *Dick Tracy.* Tracy era un detective rudo y sagaz que tenía una forma muy especial de comunicarse con los demás.

Tracy lucía en la muñeca un increíble reloj pulsera con un teléfono que podía usar en cualquier lugar. El reloj también tenía un televisor bidireccional que le permitía ver a las personas mientras hablaba con ellas.

Las dos partes del reloj de Tracy —el teléfono y el televisor— existían en la década de los cincuenta; no obstante, fue preciso que un artista los uniera en una forma completamente nueva.

Poco a poco, la vida real llegó a parecerse a las historietas. Hoy, existen teléfonos móviles con cámaras incorporadas que permiten ver a las personas a las que se llama. Además, las personas usan cámaras web para verse mientras conversan a través de Internet. Como predijo *Dick Tracy,* las piezas de lo que era el presente se unieron más tarde, en el futuro.

Redecorando la Luna *Esta imagen muestra cómo imaginó un artista una ciudad en la Luna. ¿Puedes imaginar el planeta Tierra saliendo en el horizonte?*

¡Aumentando las revoluciones! *Alguna vez se creyó que en el futuro se usarían mochilas con motores a reacción para viajar todos los días.*

Arriba, arriba, pero no lejos

Algunas personas no dejan de imaginar el futuro, y comienzan a crearlo. Esto fue lo que sucedió cuando las personas buscaron mejores medios de transporte. Diseñaron modelos de máquinas que **revolucionarían** la forma de viajar o al menos así lo creyeron.

Piensa, por ejemplo, en el propulsor con motor a reacción. Se trata de una mochila dotada de un pequeño motor a reacción. Te la pones, la haces arrancar y te elevas. No es necesario pedir que te lleven a la escuela ni esperar el autobús. En fin, esa era la idea... Pero la vida real resultó ser un poco más complicada. ¿Acaso no es siempre así?

Para empezar, los propulsores a reacción no podían cargar mucho combustible, por lo que el viaje promedio duraba apenas medio minuto. Como podrás imaginar, no se llega muy lejos en medio minuto.

Luego había problemas de seguridad. El combustible de un propulsor a reacción puede llegar a los 700° Celsius (1300° Fahrenheit), por lo que es muy peligroso, sin mencionar que es sumamente inflamable. Además, el ruidoso motor a reacción puede dañarte la audición.

Por supuesto, en este mundo, existen algunas personas con increíbles habilidades para resolver problemas. Es posible que algún día un ingenioso inventor idee un propulsor a reacción que realmente te haga despegar. Pero tal vez tome algún tiempo, por lo que te conviene conservar tu boleto de autobús.

Viajando de un lugar a otro

Otro invento volador fue el Aerocar, un automóvil volador con alas plegables. Una idea tonta, ¿verdad? ¡Pero, espera! Se fabricó un Aerocar en 1949, y en los diez años siguientes, se fabricaron seis más. ¡Realmente funcionaba! Sin embargo, la idea nunca prosperó. Quizá fue porque era muy difícil aterrizar los Aerocar en la entrada de vehículos del hogar.

¿Qué tal sería deshacerse por completo de los automóviles? En un relato de ciencia ficción, las personas se subían a cintas móviles para viajar de un lugar a otro. Es posible que en la década de los cincuenta esto haya parecido una locura, pero hoy es posible ver "cintas transportadoras de personas", ascensores y aceras móviles en los aeropuertos, las tiendas e incluso en la calle.

Lo que las personas realmente querían era un "automóvil inteligente" automatizado. En la década de los cincuenta, la industria automotriz intentó fabricar un vehículo semejante. La idea era que nadie tuviese que sentarse detrás del volante. En cambio, alguien podría oprimir algunos botones y luego sentarse cómodamente mientras el automóvil se conducía solo. ¿Será posible un automóvil semejante? En fin, si bien es posible comprar una versión más simple hoy en día, falta bastante para que se invente y lance al mercado un automóvil totalmente automatizado.

Computadora súper enorme. *¡En la década de los cincuenta, las computadoras eran tan grandes que una sola llenaba toda una habitación!*

Avance rápido

Resulta difícil pensar en un mundo sin computadoras, pero en los cincuenta sólo existían unas pocas. Eran muy grandes, del tamaño de una habitación. Pocas personas imaginaron que las pequeñas computadoras personales se volverían tan comunes como lo son en la actualidad.

Luego los científicos inventaron el circuito integrado, también conocido como chip de computadora. Los chips permitieron fabricar computadoras más pequeñas, lo que hizo posible hacer muchas cosas con ellas, incluyendo venderlas a más personas. Por supuesto, ahora existen millones de computadoras en el mundo.

Ha llegado el futuro de la década de los cincuenta. ¡Bienvenido al siglo veintiuno! Ahora piensa en tu futuro y comienza a soñar. ¿Inventarás la mochila con motor a reacción perfecta y ganarás millones? ¿Bajarás libros digitales directamente a tu cerebro? Los trajes que te hacen invisible y las ciudades submarinas son apenas dos cosas que tal vez sean posibles, pero... ¿qué más? Piensa en lo increíble; ¡piensa en lo fantástico! Depende de ti inventar el futuro.

Vocabulario

ciencia ficción: relato que combina la ciencia con sucesos inventados

imaginar: hacerse una imagen mental de algo

predicción: declaración sobre lo que alguien piensa que puede suceder en el futuro

revolucionar: cambiar algo en gran medida o por completo

siglo veintiuno: entre 2001 y 2100 d.C.

ENERGÍA A PEDAL

Por Susan Blackaby

¿Cuál es la forma más rápida, fácil e increíble de ir de un lugar a otro? Mil millones de ciclistas piensan que tienen la respuesta.

No importa hacia dónde mires, los ciclistas siempre están en movimiento. En las grandes ciudades, pedalean a las oficinas. En los pueblos pequeños, montan hasta las escuelas. Se esfuerzan para subir empinadas colinas y derrapan por senderos boscosos. Pasan zumbando para divertirse y pedalean vigorosamente para ir a trabajar.

A las personas les gustan las bicicletas por muchas razones. Son prácticas y bastante económicas. Aun mejor, las bicicletas son fáciles de usar. Sólo se tarda aproximadamente una semana para aprender a montar en bicicleta. Pero tardaron muchos años para diseñar las bicicletas modernas que vemos hoy.

Un inicio lleno de altibajos

A inicios del siglo diecinueve, algunas personas montaban en bicicletas llamadas "hobbyhorse". Estas bicicletas no tenían pedales, por lo que sus jinetes se impulsaban empujando con los pies en el suelo. Ir cuesta abajo era un placer, pero en superficies planas o en pendientes, ¡no era muy distinto a caminar! Como podrás adivinar, los hobbyhorse no fueron populares durante mucho tiempo.

Alrededor de 1860, los fabricantes de bicicletas descubrieron que si les agregaban pedales el paseo podía ser más agradable. Sin embargo, las bicicletas nuevas distaban de ser perfectas. En las calles de adoquines, las bicicletas de madera se sacudían y saltaban de aquí para allá, por lo que se ganaron el apodo de "sacude huesos".

Los fabricantes de bicicletas siguieron avanzando, probando ideas nuevas. La *high wheeler* o bicicleta con sillín alto fue la primera bicicleta de metal. Tenía enormes ruedas delanteras de casi 1,5 m de altura, pero diminutas ruedas traseras. Los rayos metálicos de las ruedas absorbían el impacto de los saltos en los caminos desnivelados. ¡El conductor se mantenía en equilibrio en las alturas y manejaba con mucho cuidado para evitar caer de cabeza!

Llegada segura

A medida que las personas aprendieron nuevas formas de trabajar el metal, los diseños de las bicicletas mejoraron. Los diseñadores agregaron cadenas y cambios, lo que permitió a los ciclistas cambiar de velocidad más fácilmente y hacer menos esfuerzo para pedalear. Fabricaron ruedas del mismo tamaño y también agregaron llantas de caucho. Estas **innovaciones** permitieron montar en bicicleta en forma cómoda y segura, y con menos aterrizajes forzosos. Esto se considera el nacimiento de la bicicleta moderna.

Progresando

Hacia 1890, pedalear se volvió muy popular y se convirtió en un pasatiempo favorito. Los diseñadores de moda inventaron estilos de vestimenta que permitían a las mujeres pedalear con más comodidad. Cuando los obreros pavimentaron los caminos de adoquines, los ciclistas pudieron viajar sin problemas.

Las bicicletas también inspiraron otros inventos importantes. Los hermanos Wright usaron repuestos de bicicleta para diseñar su primera máquina voladora en 1903, y Henry Ford las usó para fabricar su primer automóvil. Estos dos inventos pronto cambiarían el mundo.

Empujando los pedales.
Los hobbyhorse (cerca, derecha) no tenían pedales. Los ciclistas se desplazaban empujando sus pies por el suelo. Las sacude huesos (lejos, derecha) fueron las primeras bicicletas con pedales.

Bicicletas cruiser y clásicas

Después de la invención de los automóviles, la popularidad de las bicicletas decayó rápidamente. Muchos adultos comenzaron a conducir y dejaron de pedalear. Las ventas de bicicletas bajaron, por lo que los fabricantes tuvieron que idear un plan nuevo. Crearon diseños nuevos, sólo para niños.

Los llamativos automóviles y motocicletas de la década de los treinta inspiraron fascinantes diseños de bicicletas. Las bicicletas llamadas "cruiser" tenían grandes neumáticos de caucho, anchos y flexibles. Rodaban bien sobre hoyos y desniveles.

Las bicicletas llamadas "clásicas" estaban decoradas con guardabarros, luces, campanillas y tiras de cromo. Eran resistentes y pesadas, y soportaban el castigo que les propinaban los niños que las montaban.

Maniobras y velocidad

En la década de los sesenta, los niños californianos pusieron de moda una **tendencia**. Unieron repuestos de bicicletas para crear la bicicleta high-rise (de doble altura). Tenía manubrios altos en forma de V y asientos en forma de banana. Los niños atravesaban sus vecindarios en estas bicicletas haciendo proezas sobre ruedas y otras maniobras.

Las bicicletas para maniobras también se usaron en carreras de bicicrós o BMX. Los participantes en estos eventos hacían locos trucos en el aire y corrían carreras sobre difíciles pistas de tierra.

En la década de los setenta, la gente comenzó a preocuparse por el medioambiente. Los automóviles contaminaban el aire, y la gasolina era costosa. Las bicicletas permitían hacer paseos sin contaminar y ahorrando dinero, por lo que los adultos se sumaron a la locura juvenil y volvieron a montar en bicicletas.

Un nuevo diseño de diez velocidades se convirtió en un éxito instantáneo. Los cambios adicionales facilitaron las subidas. Esta clase de bicicletas sube y baja colinas a toda velocidad y vuela en las esquinas, en carreras tales como el Tour de France.

Hasta las colinas y más allá

Tal vez para ciertas personas sea suficiente montar bicicletas sobre calles parejas pero, en la década de los ochenta, un grupo nuevo de ciclistas quiso ir más allá. Fabricaron las bicicletas de montaña para llegar hasta allí.

Las primeras bicicletas de montaña se fabricaron usando viejas y destartaladas bicicletas clásicas y cruiser. Pronto los fabricantes de bicicletas **perfeccionaron** estos diseños y aparecieron con bicicletas perfectas para los ciclistas aventureros.

Algunos diestros ciclistas de montaña hacen cosas que nadie más debería intentar. Se ponen los cascos y bajan las colinas a altas velocidades. Vuelan por senderos que les hacen temblar los dientes, saltando sobre rocas afiladas y raíces irregulares. Un ciclista de esta clase necesita una bicicleta lo suficientemente fuerte para soportar los golpes.

Otros ciclistas de este tipo practican el deporte para disfrutar del paisaje. Quieren seguir senderos, explorar cañones profundos y trepar hasta altas cimas. Necesitan bicicletas que no sean demasiado pesadas, para pedalear por colinas empinadas, y que tengan estructuras fuertes.

Hoy en día, los fabricantes de bicicletas siguen mejorando sus diseños y fabricando bicicletas de alta tecnología, más cómodas que nunca antes. De BMX y bicicletas de montaña a modelos de diez velocidades y de carreras, hay una bicicleta para cada ocasión. Incluso, hay una bicicleta en la que se monta de costado; uno queda de costado, pero se mueve hacia adelante, como si estuviera practicando snowboard. Una bicicleta plegable se puede guardar debajo de un escritorio, mientras que una bicicleta a propulsión electrica puede dar un descanso a las piernas.

Ahora piensa: ¿Qué tipo de bicicleta totalmente nueva podrías diseñar? ¿Qué idea increíble tienes para mantener los diseños de bicicletas pedaleando hacia el futuro? ¡Comienza a pensar y disfruta del paseo!

Las bicicletas
A LO LARGO DEL TIEMPO

Hobbyhorse
Inicios del siglo diecinueve

Sacude huesos
Hacia 1860

Bicicleta de rueda alta
Hacia 1870

Bicicletas y equilibrio
En una bicicleta con ruedas altas, el ciclista se sentaba a unos 1,5 m (5 pies) del suelo.

Carreras modernas.
¡Hoy en día, los diseños aerodinámicos permiten a los ciclistas ir más rápido que nunca!

VOCABULARIO

innovación: una cosa, idea o forma nueva de hacer algo

perfeccionar: mejorar algo haciéndole pequeños cambios

tendencia: algo que se vuelve muy popular

Cruiser
Década de los años treinta

Doble altura
Década de los sesenta

Bicicleta de montaña
Fines de la década de los noventa

Bicicleta de alta tecnología
2012

EL FUTURO ES AHORA

Adelántate al futuro y luego responde estas preguntas.

1. Describe tres predicciones de la década de los cincuenta acerca de la vida en el futuro.

2. ¿Qué invento del siglo veintiuno no predijo la gente en la década de los años cincuenta?

3. ¿Por qué los fabricantes de bicicletas crearon las bicicletas cruiser y clásicas?

4. ¿En qué se parecen las bicicletas de hoy a las bicicletas del siglo diecinueve? ¿En qué se diferencian?

5. ¿Cómo está organizada la información en "Presente + posible = futuro" y en "Las bicicletas a lo largo del tiempo"?